1

Viaje con Amor: Un Sueño de Esperanza

En Busca de la Utopia Familiar , En la Ciudad de los Sueños

Yanilda A. Martinez Holguin

ISBN: 9798302692412

Yanilda A. Martinez Holguin. Nació en San Francisco de Macorís, República Dominicana. Cursó sus estudios en la ciudad de Nueva York y en Miami, FL. Está casada, es madre de dos hijos maravillosos y actualmente reside en el estado de Texas.

Dedicatoria

A Dios, Papi Lindo y a Amor,
por su incondicional apoyo y amor inquebrantable.

A todas las familias que, con valentía, dejan todo atrás para emigrar en busca de un futuro mejor para sus hijos. Que su esfuerzo y sacrificio nunca sean en vano, y que encuentren siempre el camino hacia sus sueños.

Introducion

Tenía catorce años cuando dejé mi tierra, la República Dominicana, la patria que me vio nacer. Aquel día está grabado en mi memoria como si el tiempo no hubiese pasado: el cielo era tan azul como siempre, el viento cargaba el aroma de la brisa caribeña, y las risas de mis amigos resonaban en mis oídos, como un eco que prometía quedarse en mi corazón para siempre. Sin embargo, tras la alegría de la infancia, se escondía una tristeza profunda, una despedida que no estaba lista para aceptar.

Recuerdo con claridad el abrazo de mi abuela. Sus manos temblorosas acariciaban mi rostro, mientras sus ojos, llenos de lágrimas, intentaban decirme lo que las palabras no podían expresar. "Te vas hacia un futuro mejor", me decía con una sonrisa forzada, pero ambas sabíamos que la incertidumbre nos asustaba. No solo estaba dejando atrás una casa; estaba dejando atrás mi vida, mis raíces, la esencia de quien era.

A mi corta edad, no comprendía del todo lo que significaba emigrar. Soñaba con un futuro lleno de sueños y promesas, pero me preguntaba si la felicidad que dejaba en mi patria podría ser encontrada en tierras extrañas. En mi corazón de niña, creía firmemente que los sueños eran como estrellas: podían brillar bajo cualquier cielo, aunque el horizonte fuera diferente.

Pero, ¿cómo podría un sueño reemplazar el aroma de la comida de mi abuela, las historias que me contaba al caer la noche, o el calor de su abrazo en cada despedida? Llevaba todo eso conmigo, guardado en lo más profundo de mi ser, confiando en que, en algún lugar, esos recuerdos me ayudarían a construir un nuevo hogar.

Con una mezcla de esperanza y miedo, dejé atrás mi patria. Sin embargo, la República Dominicana, mi familia y mi abuela seguirían siendo una parte esencial de todo lo que soy y todo lo que seré

Capítulo 1: El Inicio del Sueño

Agosto de 1965 fue el mes en que todo cambió. Mi padre, a quien siempre llamábamos con cariño "Papi Lindo", tomó una de las decisiones más trascendentales de nuestras vidas: dejar atrás la incertidumbre y las dificultades de nuestro país natal, la República Dominicana, y emigrar a Nueva York, la ciudad de los sueños. Partió en busca de un futuro mejor, con la esperanza de que, un día, la utopía familiar que tanto deseaba pudiera hacerse realidad.

Aunque yo era pequeña, el día de su partida sigue grabado en mi mente como un momento de emociones profundas y encontradas. Recuerdo verlo de pie, con la mirada fija en el horizonte, como si intentara vislumbrar el futuro que nos esperaba a todos. La atmósfera de nuestra casa, generalmente alegre y bulliciosa, se llenó de un silencio cargado de despedida y esperanza. Los abrazos que le dimos parecían durar más de lo habitual, como si quisiéramos alargar ese último momento juntos. Mi madre trató de mantenerse fuerte, pero sus ojos reflejaban la mezcla de alegría y sacrificio que traía consigo la decisión de mi padre. Mientras él emprendía su viaje hacia lo desconocido, nuestro mundo seguía girando en el campo dominicano, en ese lugar que llamábamos hogar.

Unos meses después, mi padre logró adquirir nuestra primera casa en la ciudad de San Francisco de Macorís. Era una casa humilde, sin lujos, pero su simplicidad estaba llena de vida y amor. A pesar de ser pequeña, para nosotros esa casa era un palacio, con paredes que nos protegían y un patio donde nos reuníamos para compartir cuentos y juegos. Era el hogar de nuestros sueños de infancia, y cada día que pasaba parecía fortalecernos, uniendo nuestra esperanza en un futuro mejor con los recuerdos que construíamos entre esas paredes.

Mi infancia fue un verdadero tesoro de momentos sencillos pero llenos de magia. El campo era nuestro patio de juegos y cada rincón, una aventura por descubrir. Corría libre entre la tierra y las palmas, mis pies descalzos tocando el suelo caliente bajo el sol caribeño, mientras jugaba con mis hermanos y amigos. En las noches de luna llena, me sentaba fuera, contemplando el cielo estrellado. Había algo en el brillo de la luna que me hacía soñar; recuerdo tomar un vaso de cristal lleno de agua y sostenerlo frente a mis ojos, imaginando que miraba a través de una ventana hacia la luna misma, como si algún día pudiera estar cerca de ella. Eran sueños inocentes, pero que llevaban consigo un profundo deseo de explorar y entender un mundo más allá de mi propio horizonte.

Entre estos recuerdos, uno de los más vivos es el de nuestras visitas a la ciudad durante la Navidad. Este era un evento muy especial en nuestra familia, pues representaba la ocasión para adquirir dulces típicos, bebidas y todo lo necesario para celebrar la fecha más importante del año. La ciudad se llenaba del espíritu navideño, con villancicos resonando en el aire y un ambiente de alegría palpable.

En una de esas visitas, en que yo y mi madre, Amor íbamos de compras, hicimos nuestra habitual parada en la tienda de Calaquita, un comerciante conocido por su habilidad para arreglar zapatos. Yo, siendo una niña pequeña de apenas seis o siete años, me mantenía cerca de mi madre. Sin embargo, en medio de la emoción de ver los zapatos, perdí de vista a Amor. De repente, me invadió un pánico indescriptible. Sentí que el mundo se volvía enorme y aterrador, y la idea de estar sola, sin mi madre, me llenó de miedo.

Con lágrimas en los ojos y el corazón latiendo con fuerza, comencé a buscarla desesperadamente. Mis sollozos se mezclaban con los sonidos de la tienda y las voces de otros clientes. Finalmente, la vi: Amor estaba ahí, mirándome con una mezcla de preocupación y ternura. Corrí hacia ella y me aferré con fuerza a su falda, llorando de alivio y alegría. Ella me miró con una sonrisa tranquila y dijo: "Niña, estaba aquí mismo. No me he movido. Estoy aquí". Esas palabras, aunque simples, se quedaron grabadas en mi memoria como un recordatorio del refugio y la seguridad que siempre encontraba en ella.

Todas las tardes, alrededor de las cinco, salía al patio para ver cómo las golondrinas se posaban en las palmeras, sus alas agitándose suavemente en la brisa. Ese momento del día tenía algo de mágico; el cielo adquiría tonos de naranja y rosa, y el aire comenzaba a enfriarse. Después de admirar la llegada de las golondrinas, iba con mi hermana Evi a visitar a "Guela", nuestra bisabuela Micaela Mena, quien siempre nos recibía con los brazos abiertos.

Las noches junto a mi bisabuela también tienen un lugar especial en mi memoria. Nos sentábamos a su alrededor, esperando con ansias las historias que traía consigo. Ella narraba cuentos de brujas y espíritus, de mundos desconocidos que nos fascinaban y atemorizaban al mismo tiempo.

Mis días transcurrían entre aventuras al aire libre y largas caminatas hacia la escuela junto a mis amigas. Pero el tiempo pasó, y con él, llegó la adolescencia. El deseo de estar junto a mis padres, quienes ya habían pasado varios años en Nueva York, trabajando sin descanso para darnos un mejor futuro, se hacía más fuerte.

Ese futuro comenzó a materializarse en mayo de 1975, cuando mi madre regresó a la República Dominicana para llevarnos con ella a Nueva York. Ese día, el 18 de mayo de 1975, está grabado en mi memoria como uno de los más importantes de mi vida. La emoción de reunirnos como familia era indescriptible, pero también nos invadía la tristeza de dejar atrás todo lo que conocíamos.

El viaje a Nueva York no fue solo un cambio de lugar; fue un viaje emocional que significaba dejar atrás mi niñez, mis juegos al aire libre, las historias de mi bisabuela y los sueños que había formado bajo la luna.

Con cada kilómetro recorrido, nos acercábamos más a esa nueva vida, a esa ciudad donde, aunque no lo comprendíamos completamente, nuestro destino cambiaría para siempre.

Capítulo 2: Sueños de Papel y Trenes de Sillas

En el pequeño campo, la iglesia era el lugar donde todas las familias se reunían para celebrar eventos y organizar nuestras queridas veladas. Era un espacio que se transformaba por completo durante estas ocasiones: los bancos de madera se movían, y el altar se convertía en un escenario improvisado. Las veladas eran un evento especial, y la emoción era palpable cuando nos avisaban que habría una presentación. Sabíamos que eso significaba disfraces hechos a mano, prácticas en grupo y esa prisa llena de emoción por preparar el vestuario.

Las mamás, tías y abuelas tomaban el papel de diseñadoras, improvisando con lo que tenían a mano para confeccionar nuestros vestidos de papel. Los vestían de colores vivos, recortando y pegando hasta darle forma a esos trajes. A veces, el papel crujía con cada paso que dábamos, pero para nosotros, esos atuendos eran tan majestuosos como los trajes de gala de una obra de teatro real. La ilusión brillaba en nuestros ojos mientras nos alistábamos, sabiendo que por una noche seríamos las estrellas del escenario, aunque el escenario fuera solo la humilde iglesia del campo.

Recuerdo una de esas veladas en particular. Yo estaba lista, con mi vestido de papel brillante, y mis amigas y yo intercambiábamos sonrisas nerviosas mientras esperábamos nuestro turno. Todo marchaba bien hasta que uno de los niños del vecindario, siempre dispuesto a hacer travesuras, decidió jugar una broma. Se acercó a mi compañera, dio un tirón a su vestido, y ¡zas! El papel se desgarró en un instante, dejando a la pobre niña expuesta y roja de vergüenza. Hubo un momento de silencio, seguido de un estallido de risas que resonó en toda la iglesia. Con rapidez, intentamos cubrirla con lo que pudimos, y aunque ella estaba un poco enojada, al final todos recordamos ese día como uno de los momentos más graciosos de nuestra infancia.

Cuando llovía, los días de juegos al aire libre quedaban en pausa, pero eso no impedía que nuestras mentes siguieran inventando aventuras. En esas tardes grises, cuando el cielo se oscurecía y las gotas golpeaban el techo de zinc, nosotros colocábamos una fila de sillas, nos cubríamos con una gran sábana, y creábamos nuestro "tren". Imaginábamos que estábamos en uno de esos trenes verdaderos de los que escuchábamos hablar, como los que había en la lejana Nueva York. Al escuchar el sonido de la lluvia, era fácil perderse en el sueño de viajar a lugares desconocidos. Cada uno tomaba un rol: el conductor, el revisor, los pasajeros. Yo siempre pedía ser pasajera, sosteniendo mi boleto imaginario con una sonrisa llena de ilusión. Nuestro tren improvisado nos llevaba a mundos fantásticos, mientras nos reíamos y jugábamos bajo la protección de la sábana.

Las visitas de Amor desde Nueva York eran momentos que esperábamos con ansias. Cuando llegaba de vacaciones, su presencia traía consigo un aire de novedad y aventura. Solíamos pasar los días en casa de tía Rosario, riendo y disfrutando de cada instante. Recuerdo que siempre había una especie de complicidad entre tía Rosario y Amor. Sus conversaciones eran tan animadas que muchas veces se retiraban al baño, donde parecía que las risas y los secretos fluían más libremente. Nosotras quedábamos afuera, imaginando de qué estarían hablando, y aunque nunca nos enterábamos de los detalles, el sonido de sus risas hacía que el momento fuera especial.

Algunas veces, mi prima me decía: "¿Yani, te quieres montar en el caballo conmigo?" y mi corazón empezaba a latir más rápido. Ella montaba con una destreza que a mí me asombraba, y aunque sentía un poco de miedo, su entusiasmo era tan contagioso que me dejaba llevar. Subíamos juntas al caballo, y ella lo hacía galopar a toda velocidad, mientras yo me aferraba a su cintura, entre el miedo y la emoción. A pesar del susto, me encantaba la sensación de libertad, el viento golpeando nuestros rostros mientras cabalgábamos por el campo. Quizás este amor por los caballos era algo que llevaba en la sangre, porque mi abuelo materno, Papá Lolito, había sido vendedor de caballos de paso fino. Mi abuela siempre contaba cómo él montaba a Amor en sus caballos, creando un lazo especial entre ellos que perduraba en el tiempo.

Otra de mis memorias queridas era ir a casa de tía Luisa Martínez, tía de mi abuela. Su nieta, Elsa, era mi compañera de juegos y de escuela, y juntas compartíamos largas tardes de risas y confidencias. Tía Luisa cocinaba unos espaguetis con un sabor tan especial que hasta hoy no he encontrado otro igual. Detrás de su casa había un campo de béisbol, y los domingos se convertían en una fiesta cuando los equipos del vecindario se reunían para jugar. Tía Luisa era la encargada de preparar la comida para los jugadores, y toda la comunidad se acercaba a ver los partidos. Los adultos animaban desde las gradas improvisadas, y nosotros, los niños, corríamos alrededor del campo, soñando con algún día jugar en uno de esos equipos.

Una de las cosas que más disfrutaba de mis visitas a tía Luisa era caminar por el estrecho callejón que llevaba a su casa. Rodeado de hierba y tierra, ese camino era como un pequeño viaje en sí mismo, lleno de aromas a campo y sonidos de la naturaleza. En su casa había fotos de su hijo Emilio, que era sacerdote en España, y esas fotos grandes y hermosas, colgadas en la sala de su casa de madera, me llenaban de orgullo. Me sentía fascinada al ver a alguien de mi familia con una vida tan distinta y lejana, y siempre que las miraba, sentía una conexión especial con él, como si compartiera un poco de su vocación y dedicación.

Otra de las maravillas del campo era la casa del hermano de mi abuela, el único que tenía un televisor, gracias a una planta eléctrica. Todos los vecinos se reunían allí para ver programas, especialmente la lucha libre y una novela mexicana llamada *Los Hermanos Coraje*. Desde la terraza hasta el patio, el lugar se llenaba de personas que, con miradas fijas en la pantalla, compartían el entusiasmo por cada episodio. La televisión era como una ventana a un mundo diferente, y aunque se trataba de programas sencillos, esos momentos de comunidad hacían que se sintieran extraordinarios.

Algunos domingos, una amiga de la familia organizaba un viaje al río. Pasábamos el día entre las aguas frescas y los charcos profundos, que a mí me asustaban un poco. Me quedaba en la orilla, sintiendo el agua apenas llegarme a la cintura, mientras observaba a los demás nadar y reír con una mezcla de envidia y cautela. A pesar de mi miedo, aquellos días en el río eran aventuras que siempre esperaba con ansias, llenos de risas y momentos que aún hoy recuerdo con cariño.

Estos recuerdos son un tesoro de momentos simples pero llenos de vida, una infancia donde la imaginación, la familia y la amistad creaban un mundo único y hermoso en el corazón del campo. Aunque ahora la vida me ha llevado a lugares distintos, esos días de aventuras y risas permanecen vivos en mi memoria, recordando siempre de dónde vengo y los lazos profundos que me unen a mi familia y a mi tierra.

Mis hermanos y yo. Raíces de Infancia: Juntos en el Corazón del Campo.

Capítulo 3: Entre Dos Mundos

En 1968, cuando mi madre decidió emigrar a Nueva York para reunirse con mi padre, la dinámica de nuestro hogar cambió de manera irrevocable. Aunque sabíamos que su partida era por nuestro bienestar, el vacío que dejó fue difícil de llenar. Mi abuela se encargaba de nosotros con su inquebrantable amor, pero no había palabras que pudieran reemplazar la ausencia de una madre. Yo apenas era una niña y aún no entendía completamente el sacrificio que estaban haciendo nuestros padres, pero con cada carta que llegaba desde Nueva York, la promesa de una vida mejor se iba grabando en mi corazón.

Los años siguientes estuvieron marcados por sus visitas esporádicas. Mi madre volvía de vez en cuando, trayendo consigo historias de un mundo que sonaba como algo sacado de un sueño lejano: calles llenas de luces, edificios tan altos que parecían tocar el cielo y oportunidades sin fin. En esos momentos, la casa se llenaba de alegría. Mis hermanos y yo corríamos a su encuentro, ansiosos por sentir su abrazo, por escucharla hablar sobre lo que había visto, y sobre todo, por creer que algún día viviríamos esa vida juntos como familia. Pero esas visitas también traían consigo un nudo en la garganta, porque siempre sabíamos que la despedida estaba cerca. Cada vez que mi madre se marchaba de nuevo a Nueva York, una mezcla de tristeza y esperanza invadía el ambiente, como si el reloj volviera a empezar su lenta cuenta regresiva hasta el siguiente reencuentro.

Uno de los recuerdos más especiales que guardo de sus visitas es cuando mi madre nos trajo tres muñecas: una para mí y las otras dos para mis hermanas. Cada una teníamos la nuestra, y esas muñecas se convirtieron en un símbolo de su amor, algo tangible que podíamos abrazar en su ausencia. Todavía conservo mi muñeca, intacta después de más de 50 años, un recordatorio de aquellos días de espera y de las promesas de un futuro juntos. Mi abuela Elvira, siempre generosa y creativa, era modista y se encargaba de hacerles vestidos a las tres muñecas. Vestía cada muñeca con el mismo cariño que nos daba a nosotras, llenando esos pequeños trajes de amor y paciencia.

Mientras nuestras vidas se desarrollaban en la República Dominicana, el país enfrentaba tiempos turbulentos. La distopía que vivíamos no era solo una cuestión de economía o falta de oportunidades, sino también un entorno de miedo constante. Ya no vivíamos en el campo de Santa Ana, Villa Tapia, donde los días transcurrían en paz, sino en la ciudad de San Francisco de Macorís, un lugar que, aunque más urbano, traía consigo una sensación constante de peligro.

Recuerdo claramente los días en que las calles de la ciudad se llenaban de militares. Era una rutina aterradora. Los soldados patrullaban las avenidas con armas en mano, persiguiendo estudiantes que protestaban por un sistema que se desmoronaba. Aunque era pequeña, esos momentos se quedaron grabados en mi memoria como una serie de imágenes intensas: el sonido de las botas golpeando el pavimento, los gritos de los manifestantes y el miedo palpable que se respiraba en el aire. Mis hermanos y yo, desde la ventana, mirábamos con miedo y ansiedad, aferrándonos a la esperanza de que ese caos no llegara a nuestra puerta.

El temor que sentía era abrumador. No comprendía exactamente por qué los estudiantes eran perseguidos, pero sabía que algo estaba profundamente mal en el país. Cada vez que los militares invadían las calles, mi corazón latía con fuerza y una sensación de desasosiego se apoderaba de mí. En esos momentos, deseaba con todo mi ser que estuviéramos todos juntos en ese lugar lejano del que mis padres hablaban, lejos del caos y la violencia. Las calles de Nueva York parecían prometer seguridad y estabilidad, algo que cada vez más sentía que no teníamos en la República Dominicana.

El contraste entre las visitas de mi madre y la realidad que vivíamos en San Francisco de Macorís era difícil de procesar. Por un lado, escuchaba sobre las oportunidades y el futuro brillante que nos esperaba en Estados Unidos; por otro, veía cómo el país en el que vivía parecía desmoronarse día a día. A pesar de los esfuerzos de mi abuela por mantenernos a salvo y darnos una educación, comencé a dudar si realmente tendríamos un mejor futuro si nos quedábamos. El miedo y la incertidumbre se entrelazaban con mi deseo de un día reunirme con mis padres en una tierra lejana, donde las promesas de una vida mejor no se sentían tan distantes.

Con el paso del tiempo, mis dudas crecieron. ¿Realmente tendríamos una buena educación en un país donde la violencia y el caos dominaban las calles? ¿Podríamos tener una vida normal en medio de tanta inseguridad? La imagen que tenía de nuestro país de origen cambió drásticamente durante esos años. Ya no era solo el lugar de mi infancia feliz, de los juegos al aire libre y las historias de mi bisabuela. Se había convertido en un espacio de temor e incertidumbre, donde el futuro se sentía cada vez más incierto.

Y así, la espera continuó. Mis hermanos y yo seguíamos soñando con el día en que podríamos dejar atrás el miedo, las calles invadidas por militares, y finalmente vivir como una familia en el lugar que nuestros padres habían elegido para nosotros. La promesa de una vida mejor en Nueva York se volvía más urgente con cada día que pasaba.

Pero no todo era turbulento. También tuve muchas ocasiones de alegría viviendo en la ciudad. Asistía a mi educación elemental en el Colegio Jesús Nazareno, y allí hice muchas amigas. Iba al matiné a ver películas bonitas y sanas, adaptadas para mi edad. Los domingos caminábamos por el parque Juan Pablo Duarte, que era el corazón de la ciudad. Disfrutábamos de los helados El Polo, y mis sabores favoritos eran coco, piña y vainilla. Eran momentos de felicidad, de alegría, y poder compartir con mis amigas y vecinas contemporáneas a mi edad me hacía sentir plena.

Recuerdo cómo mi querido tío Pirulí y yo hacíamos festivales de canciones en el patio trasero de nuestro nuevo hogar en la ciudad de San Francisco de Macorís. Imaginábamos una audiencia que nos escuchaba cantar. Él, con su linda voz, siempre interpretaba canciones de Leonardo Favio, y tanto él como mi hermano ganaban todas las competencias, ya que compartían personalidades similares. Cuando Mamá Elvira quería regañarnos, mi tío Pirulí siempre nos protegía, y ella lo amenazaba a él si nos escondía.Algunas tardes, montábamos las bicicletas de nuestras vecinas del frente, quienes eran como parte de la familia.

Nunca olvido las tardes en las que tenía clases de manualidades con las monjas de la Iglesia Santa Rosa De Lima. Al mismo tiempo, asistía a las clases de catecismo. Todavía conservo el dechado de las clases de bordado, un recuerdo tangible de esos días que me llenaban de orgullo. Mi vida, a pesar de la incertidumbre que me rodeaba, también estaba llena de momentos de paz y felicidad. Pero la sombra del futuro incierto y la espera por la reunificación familiar siempre estaba presente, un recordatorio constante de que, aunque feliz, mi vida en la República Dominicana estaba incompleta.

Capítulo 4: Llegada a Nueva York

Aún recuerdo la emoción que sentí al aterrizar en el aeropuerto John F. Kennedy. A través de la ventanilla del avión, veía cómo nos deslizábamos por la pista. Era una tarde de primavera con una temperatura agradable, y esa emoción aumentaba al saber que estábamos a punto de desembarcar en un mundo desconocido, pero al mismo tiempo familiar, ya que mi papá y mi tío nos esperaban.

Mi hermano, inquieto por salir corriendo del avión, y todos nosotros estábamos entusiasmados y alegres por lo que nos esperaba. Al salir, el reencuentro con mi padre estuvo lleno de euforia, felicidad, emoción y alegría. Al cruzar el Triborough Bridge hacia el condado de Manhattan, recuerdo que se divisaban desde la ventanilla del automóvil el Empire State Building y las Torres Gemelas. Cuando finalmente entramos al apartamento en Washington Heights, los vecinos y amigos nos recibieron con abrazos, mientras la victrola tocaba música de merengue y el aroma de los platos que habían preparado para recibirnos llenaba el aire. Compartimos una tarde maravillosa en familia, junto a vecinos y amigos.

Mi hermano, aún con su inquietud, miraba por las ventanas y revisaba cada cuarto. Con entusiasmo, tocó la puerta adyacente a la cocina y preguntó: "¡Amor! ¿Quién vive aquí?" Yo le respondí: "Nicolás, ¡ese es el baño!", y él sintió un poco de timidez y vergüenza. La noche terminó con risas, anécdotas y una despedida mientras nos íbamos a dormir, disfrutando de camas nuevas, cuartos amplios y sábanas con olor a jazmín. Amanecimos en un nuevo horizonte. Washington Heights nos pareció un lugar familiar, como si hubiéramos nacido allí. En el edificio de cuatro pisos, en cada piso residían amigos de mis padres que eran originarios de nuestro lugar de origen.

A medida que pasaba el tiempo, los fines de semana se convirtieron en una mezcla de momentos compartidos con mi familia y nuevas experiencias con amigas. Nos visitábamos de casa en casa, explorando nuestro vecindario y haciendo de cada rincón un espacio propio. Con frecuencia íbamos al cine en Washington Heights, sumergiéndonos en historias en la gran pantalla que nos hacían soñar y reír. La vida también nos llevaba al parque, donde los columpios y las risas se convertían en nuestras aventuras compartidas. Fue en esos momentos cuando, por primera vez, sentí una conexión con esta nueva cultura americana que tanto había soñado descubrir.

Pronto descubrí una pasión inesperada: el tenis. En una cancha al borde del majestuoso Hudson River, junto a una amiga de la infancia, tomaba mi raqueta y me esforzaba por mejorar en cada partida. Esa cancha se convirtió en un lugar especial para mí, no solo por el deporte, sino porque nos recordaba cada 4 de julio, cuando íbamos al río a ver el desfile de independencia. Era un espacio donde, además de fortalecer mi cuerpo, mi espíritu encontraba un lugar de libertad y pertenencia. Poco a poco, con cada golpe de la pelota, me iba integrando más a esta nueva vida.

Sin embargo, mirando a través de la ventana, estaba un poco preocupada al pensar que tendría que asistir a una nueva escuela y aprender un nuevo idioma. Mi tío, cuando llamaba por teléfono a mi país de origen y hablábamos, siempre me recomendaba estudiar "El Inglés Básico", que era un librito con las palabras cotidianas del inglés. Pero yo rehusaba aprender inglés. Ahora, al enfrentar la realidad, comprendí lo que mi tío me aconsejaba mientras vivía en mi país de origen.

Este capítulo de mi vida en Nueva York se transformó en una serie de descubrimientos, aprendizajes y amistades, donde la mezcla de culturas enriquecía cada momento y me hacía sentir más cerca de la persona en la que poco a poco me estaba convirtiendo.

Capítulo 5: El Juego que Nos Unió

A medida que crecíamos en la bulliciosa Nueva York, la vida nos iba enseñando que la familia era nuestro refugio más fuerte. Mi hermano y yo, por ser los más cercanos en edad, compartíamos un lazo especial que se fortalecía cada día. Nos encontrábamos en la rutina diaria, ya fuera caminando juntos a la escuela o en nuestras escapadas de juego los fines de semana. Eran momentos en los que nuestra conexión se hacía más fuerte, y nos convertíamos en los compañeros de aventuras que nos ayudaban a descubrir el mundo que nos rodeaba.

Después de clases, los días se llenaban de risas y juegos. En el parque cercano, los columpios y los toboganes se transformaban en nuestros mundos de fantasía. Cada tarde era una aventura: desde carreras hasta juegos de escondite, el parque se volvía nuestro espacio compartido donde no había preocupaciones, solo el presente y nuestras risas.

Pronto, descubrimos un nuevo juego que pondría a prueba nuestra paciencia y estrategia: el monopolio. No lo aprendimos de nuestros padres, sino de amigos en común, y pronto se convirtió en nuestro pasatiempo favorito. Cada partida era un reto y una oportunidad para demostrar nuestras habilidades de negociación y planificación. Sin embargo, casi siempre mi hermano ganaba, y con una sonrisa triunfante me recordaba que tenía un don para el juego. Aunque perder podía ser frustrante, aquellos juegos se transformaron en un ritual especial, un momento de conexión entre nosotros en el que cada movimiento en el tablero simbolizaba nuestra complicidad y las horas compartidas en un mundo solo nuestro.

Pero hubo una aventura que siempre quedó grabada en mi memoria como si fuera una fantasía, aunque sé que fue absolutamente real. Mi mamá tenía una prima que vivía cerca del Museo de Historia Natural, y ocasionalmente nos llevaba a visitarla los domingos. En una de esas visitas, en una tarde típica de domingo, mi hermano me propuso una escapada espontánea.

"Yani, ¡vamos al museo un ratito!" me dijo. Yo le contesté sin dudar: "¡Ok, vamos!". Para nuestra fortuna, el museo no nos cobraba entrada por ser menores de edad y estudiantes, así que pronto estábamos adentro, corriendo y jugando alrededor de la imponente exhibición de dinosaurios. Era increíble ver esas enormes figuras, y en nuestra imaginación, parecían cobrar vida con cada paso que dábamos.

Pasamos la tarde explorando el museo, y cuando finalmente empezamos a sentir el cansancio, nos dimos cuenta de que había anochecido. Para nuestra sorpresa, el museo ya estaba cerrado. Miramos alrededor con pánico, atrapados en un edificio que ahora parecía inmenso y solitario. Fue en ese momento cuando la creatividad de mi hermano salvó el día. Entre la oscuridad y el silencio del lugar, él logró encontrar una salida con una puerta corrediza.

Sin perder tiempo, me dijo con calma pero con decisión: "Yani, tú también puedes salir por aquí. Solo empuja la puerta". Afortunadamente, éramos delgados y cabíamos por el pequeño espacio al empujarla. Mi hermano salió primero, y yo, aún asustada, empujé la puerta con todas mis fuerzas mientras él me gritaba: "¡Yani, empuja con fuerza!". Finalmente, conseguí salir, sintiendo una mezcla de alivio y emoción.

Cuando regresamos a casa de la prima de mi mamá, ya nos estaban esperando preocupados. "¿Dónde estaban?", nos preguntaron al entrar, casi al borde de la noche. Con una sonrisa de complicidad, no dijimos más que la verdad: habíamos disfrutado de nuestra pequeña aventura en el museo, casi olvidando el tiempo.

Entre risas nerviosas y abrazos de alivio, aquella noche abordamos el subway de regreso a Washington Heights, con el corazón aún latiendo rápido y una historia inolvidable que contar. Ese día me enseñó que mi hermano y yo compartíamos no solo juegos y risas, sino también el coraje y la complicidad que nos unirían para siempre, en cada aventura que la vida nos presentara.

Además, los domingos era frecuente que nuestros padres nos llevaran de pasadía al Bronx Zoo, ya que yo disfrutaba mucho viendo a los animales de todas las especies. Era una experiencia nueva para mí y emocionante, ya que nunca en mi país de origen había conocido un zoológico. Recordaba, cómo en el campo disfrutaba viendo las aves volar en las palmeras y observando a los agricultores utilizar caballos y burros en sus trabajos cotidianos. Pero ver tantos animales exóticos en un solo lugar era algo totalmente nuevo para nosotros. Pasábamos todo el día allí, maravillados por cada rincón del zoológico.

Todavía recuerdo la emoción de montar en el teleférico del zoológico, disfrutando de la vista desde lo alto. Ver el paisaje desde arriba nos hacía sentir como si fuéramos exploradores en una tierra desconocida, añadiendo un toque de aventura a cada visita. Esos días en el Bronx Zoo se convirtieron en parte de nuestra rutina familiar y en recuerdos inolvidables, llenos de risas y asombro.

Capítulo 6: La Nueva Realidad

Mayo se convirtió en un mes muy importante para mi familia. Yo nací en mayo, y posteriormente, llegamos a Nueva York en mayo de 1975, un momento que marcó el inicio de una nueva vida llena de promesas. La llegada de mi hermanito en mayo de 1977, en el Hospital San Lucas en la ciudad de Nueva York, trajo una felicidad inmensa a nuestra familia. Su nacimiento fortaleció aún más nuestra unidad familiar.

Recuerdo que mis hermanos y yo nos peleábamos por tener la oportunidad de bañar al bebé. Todos deseábamos participar en su cuidado, pero yo siempre terminaba bañándolo, ya que tenía 17 años y había aprendido observando a mi mamá mientras cuidaba a los niños que ella atendía. Era un momento especial que nos unía, compartiendo risas y pequeñas travesuras mientras cuidábamos de él.

Al día siguiente de nuestra llegada a Nueva York, llegó el momento en que mis padres nos inscribirían en nuestras nuevas escuelas. Para mi sorpresa, existía un programa de educación bilingüe en un edificio aparte de la escuela principal, al que le llamaban el "mini building". Allí, todos mis compañeros venían de países latinoamericanos y del Caribe, como yo. Eso me quitó un peso de encima. Teníamos profesores que nos trataban con cariño y nos instruían para aprender inglés.

Recuerdo que, durante los inviernos, las nevadas eran intensas, y teníamos que salir obligatoriamente al recreo, incluso con las temperaturas tan bajas. Pero, siendo niños, no prestábamos tanta atención al reto de estar afuera; hasta creamos guerras de bolas de nieve y disfrutábamos jugando entre compañeros de clase.

Ya en mi primer día en la escuela intermedia, Junior High School 52, al salir, crucé la calle y me vi invadida por una incertidumbre, ya que tenía que tomar la guagua para llegar a casa. Estaba confundida y no sabía cómo actuar en esta nueva parada. Con catorce años, era una situación difícil y complicada para mí. Tenía un carnet gratuito para escoger entre el subway y la guagua. De repente, una amiga, hasta el día de hoy, me preguntó amablemente: "¿Para dónde tú vas?". Le expliqué mi situación y me acompañó hasta llegar a mi casa.

Desde ese momento, mi gran amiga y yo siempre estuvimos juntas, incluso en la escuela secundaria; solo nos separamos al asistir a la universidad. Luego conocí a otra amiga que vivía a varios edificios de distancia del mío. Con ella tomaba el subway todas las mañanas, y así me sentía acompañada a medida que me familiarizaba con mi entorno. Cuando conocí a mi amiga en la parada de la guagua, estaba preocupada por mi hermano, ya que no lo vi alrededor hasta que llegué a casa.

A medida que pasó un año, mis hermanos y yo ya estábamos adaptados tanto al sistema escolar como a la cultura de los Estados Unidos. Mayo de 1976 marcó un recuerdo hermoso en mi memoria, porque celebré mis quince años en La Gran Manzana, rodeada de mis amigas de la escuela, mi prima, vecinas y amigos. Fue un día inolvidable. Fui al salón de belleza, donde me arreglaron el cabello. Mi prima, que era modista como mi abuela en mi patria natal, fue quien confeccionó mi traje de quince años. El bizcocho era grande, de tres pisos, con colores blancos y amarillos. Mi vestido amarillo combinaba con toda la decoración. Casi saboreo aún mi bizcocho relleno de piña, un cake dominicano que todos disfrutan cuando lo prueban. Era delicioso y me transportaba a mis raíces, a cuando celebraba cada cumpleaños con mis amigas del colegio en San Francisco de Macorís.

Celebrar los quince años es una tradición latina que simboliza el paso de la niñez a la adolescencia, una ocasión íntima y familiar, llena de colores vivos, música y comida típica. La cercanía de los seres queridos hacía de este tipo de celebración un evento único, donde las raíces culturales brillaban con fuerza.

Sin embargo, una celebración que marcó un contraste enorme fue el 4 de julio de 1976, cuando mi papá nos llevó a presenciar el desfile en el río Hudson. Aquel año, Estados Unidos celebraba sus 200 años de independencia, y el espectáculo fué algo impresionante que quedó grabado en mi memoria. Los barcos estaban más elaborados que nunca, decorados con banderas y luces, mientras navegaban majestuosos por el río. La multitud que se reunía para ver el desfile era inmensa, y el patriotismo se sentía en cada rincón. Las luces, los fuegos artificiales y el sentido de orgullo que invadía el ambiente eran algo completamente diferente a las fiestas latinas a las que estaba acostumbrada.

Este contraste entre las celebraciones era asombroso. Mientras que los quince años eran una celebración más íntima y familiar, llena de cercanía y tradiciones, el 4 de julio se vivía como una ocasión nacional, imponente y masiva. La fiesta patriótica reflejaba el orgullo y la grandeza de la historia estadounidense, con un sentido de pertenencia a algo mucho más grande.

Los años transcurrieron entre la escuela, celebraciones de cumpleaños de amigos y muchas otras experiencias. Mi papá y mi mamá, aunque de origen humilde, siempre tuvieron buen gusto. En primavera y en Navidad nos llevaban a ver los espectáculos en Radio City Music Hall. Crecimos disfrutando de esos maravillosos shows, donde solíamos sentarnos en las primeras filas del teatro. A veces, como niña exigente que buscaba la perfección, exclamaba: "¡No me gusta sentarme en el frente porque a las bailarinas se les ven las medias rotas!". Pero esos momentos eran inolvidables, uniendo las tradiciones de nuestra tierra natal con las nuevas costumbres de nuestra vida en Nueva York.

Unos recuerdos hermosos e inolvidables eran cuando nuestra querida y tierna abuela Elvira, nos extrañó tanto que decidió buscar visa hacia los Estados Unidos. Cada viaje de ella a Nueva York para visitarnos nos llenaba de emoción. Al llegar el mes de noviembre, antes del día festivo de Acción de Gracias, se convertían en días mágicos y de bendición familiar por su visita. Ella misma preparaba el pavo, que tradicionalmente es la cena para celebrar ese gran día. Mi abuela regresaba a nuestro país después de Año Nuevo. Muchas amistades que la apreciaban mucho la llenaban de regalos, y pasábamos las fiestas entre escuchar música y preparar ricas y deliciosas comidas. ¡Cuántos recuerdos inolvidables tenemos de las visitas de nuestra alegre abuela! Ella, además de ser abuela, era mi mejor amiga.

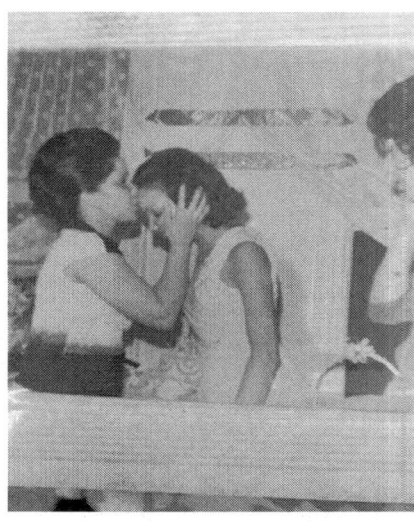

Un Beso de Amor en Mis Quince Años.

Mis quince
en   New
York.

Capítulo 7: La Lucha Por La Identidad

El choque cultural fue inevitable. A pesar de sentir una cierta familiaridad en Washington Heights, donde muchos de nuestros vecinos compartían nuestras raíces dominicanas, la lucha por la identidad comenzó a aflorar en mí desde los primeros días. La realidad de ser una adolescente inmigrante en Nueva York significaba navegar entre dos mundos: el de mis raíces caribeñas, llenas de tradiciones, aromas, colores y sonidos que me eran tan familiares, y el de la vida americana, que me exigía aprender un nuevo idioma, adoptar nuevas costumbres y adaptarme a un sistema educativo desconocido.

En casa, éramos una familia dominicana. Manteníamos nuestras tradiciones, celebrábamos nuestras fiestas, y el español era el idioma que llenaba cada rincón de nuestro apartamento. Sin embargo, una vez cruzaba las puertas de la escuela, el inglés me recibía como una barrera infranqueable. Cada día era un recordatorio de que, para prosperar en esta nueva tierra, tenía que encontrar un equilibrio entre lo que había sido y lo que debía llegar a ser.

Mi tío, desde antes de emigrar, me había insistido en que estudiara inglés. Me recordaba constantemente por teléfono que debía aprender "el inglés básico" con un librito que contenía frases y palabras cotidianas. Pero en mi terquedad de niña, me negaba a aprender, pensando que podría mantenerme fiel a mi idioma materno. Al llegar a Nueva York, me di cuenta de cuánta razón tenía. Ahora, más que nunca, comprendía la importancia de dominar el inglés, no solo para comunicarme, sino para integrarme en este nuevo mundo.

En la escuela, mi alivio al descubrir que había educación bilingüe fue inmenso. Me sentí comprendida, rodeada de compañeros que, como yo, habían llegado desde distintos rincones de América Latina y el Caribe. Sin embargo, eso no disipaba la incertidumbre que me acompañaba cada día. Aprender un nuevo idioma no era solo una necesidad, sino una lucha constante entre aferrarme a mi identidad y la obligación de adaptarme a la cultura dominante. Mis maestros, con su amor y paciencia, nos guiaban como si fuéramos sus propios hijos. Poco a poco, iba integrando palabras en inglés a mi vocabulario, pero el proceso de aceptación de esa nueva parte de mí era lento y a veces doloroso.

Fuera de la escuela, la lucha continuaba. En casa, mi padre y mi madre insistían en mantener vivas nuestras raíces. Las conversaciones, las comidas, los consejos giraban en torno a la República Dominicana, recordándonos que, aunque estábamos lejos, nuestra identidad como dominicanos debía prevalecer. A veces me sentía dividida: una parte de mí quería complacer a mis padres y mantener la cultura de mi infancia, pero otra parte anhelaba encajar en el mundo estadounidense, ser como los demás, hablar con fluidez el inglés, comprender los programas de televisión, y no sentirme como una extraña en mi propia escuela.

Los días pasaban, y con ellos crecía mi deseo de pertenecer, pero siempre me sentía atrapada entre dos identidades. Mi amigo interior se debatía constantemente: ¿Cómo podía ser fiel a mis raíces sin rechazar la nueva cultura que me rodeaba? ¿Cómo abrazar lo nuevo sin traicionar lo viejo? Este conflicto interno me acompañó durante años, y aunque eventualmente aprendí a navegar entre ambos mundos, la lucha por la identidad fue un proceso que me moldeó profundamente.

Cuando conocí a mi amiga en la parada de la guagua, esa sensación de soledad empezó a disiparse. El simple hecho de tener a alguien que me entendía, que había pasado por lo mismo, me hizo sentir menos aislada. A través de ella y otros amigos, comencé a construir una nueva versión de mí misma: una versión que abrazaba ambas culturas. No fue fácil, pero con el tiempo aprendí que no tenía que elegir entre una u otra. Podía ser ambas cosas a la vez: una joven inmigrante dominicana en Nueva York, con un pie en cada mundo.

Mi hermano, con su curiosidad, y mis hermanas, con su adaptación, también formaban parte de esta lucha. Todos estábamos en el mismo barco, aprendiendo a navegar las aguas turbulentas de una nueva identidad. Washington Heights nos ofrecía una especie de refugio, un espacio donde las dos culturas se entrelazaban de manera natural, pero eso no hacía que la lucha fuera menos real. Cada vez que mi hermano preguntaba algo con su típica inquietud o mis hermanas compartían sus experiencias en la escuela, me daba cuenta de que no estaba sola en este proceso.

El verdadero aprendizaje llegó cuando acepté que mi identidad no era estática. Podía ser fluida, podía evolucionar. No tenía que abandonar mis raíces para prosperar en Estados Unidos, pero tampoco debía resistirme al cambio que la vida en Nueva York exigía de mí. A través de los años, entendí que la lucha por la identidad no era una batalla que debía ganar, sino un proceso que debía abrazar.

Con el apoyo de mi familia, amigos y maestros, aprendí a ser dominicana y neoyorquina al mismo tiempo, y a valorar la riqueza de tener un corazón que pertenecía a dos mundos.

Capítulo 8: Superación en Familia

Los primeros meses en Nueva York no fueron fáciles, pero poco a poco mi familia y yo comenzamos a adaptarnos a nuestra nueva realidad. Cada día era un reto, pero también una oportunidad para aprender y crecer. Mi mamá, siempre con su carácter firme y su amor inquebrantable, nos motivaba a seguir adelante. Mi papá, a pesar de las largas horas de trabajo, nunca perdía la esperanza de brindarnos una vida mejor. Juntos, encontramos fortaleza en los momentos más difíciles.

Aprender inglés fue uno de los primeros grandes retos que enfrentamos mis hermanos y yo. En la escuela, nos enfrentábamos a la frustración de no entender todo lo que decían los maestros y compañeros. Pero con el tiempo, cada palabra nueva que aprendíamos era una pequeña victoria. Recuerdo cómo mis hermanos y yo nos apoyábamos mutuamente, practicando lo que habíamos aprendido en la escuela durante la cena o en las tardes después de hacer las tareas. Mis padres siempre nos recordaban la importancia de la educación y nos motivaban a no rendirnos.

En casa, mis padres también estaban adaptándose a su nueva realidad. Aunque ambos venían de orígenes humildes, siempre nos inculcaron la importancia de esforzarse y mantenerse unidos. Mi mamá, con su habilidad para transformar un hogar con lo poco que teníamos, y mi papá, con su incansable ética de trabajo, nos enseñaron que el verdadero éxito no solo se mide en lo material, sino en la fortaleza de la familia.

Mi padre nos contaba todas las vicisitudes que vivió al llegar a la ciudad de Nueva York. Comenzó trabajando en una fábrica de almohadas. Aunque vino con residencia permanente desde la República Dominicana, llegó a Estados Unidos con un contrato de trabajo que le garantizaba la entrada legal al país. A pesar de tener este beneficio, su camino hacia el éxito fue largo y arduo. Antes de emigrar, mi papá jugaba béisbol en la República Dominicana, y aunque tenía un gran amor por el deporte, sacrificó su pasión para asegurar la superación de su familia.

Recuerdo las historias que nos contaba sobre sus primeros trabajos en la ciudad. Comenzó lavando platos en un restaurante francés llamado La Grillade, ubicado en la Octava Avenida y la Calle Cincuenta.

Aunque el restaurante era de alta categoría, mi papá no dudó en buscar oportunidades para sus amigos de la República Dominicana, trayendo a varios de ellos a trabajar con él. Nos contaba cómo, mientras lavaban platos y trabajaban en la pequeña y calurosa cocina del restaurante, pasaban el tiempo haciendo bromas y contando anécdotas de su país de origen, compartiendo recuerdos y manteniéndose conectados con sus raíces a pesar de estar en un lugar tan diferente.

No pasó mucho tiempo hasta que mi papá ascendió en el restaurante y llegó a ser el cocinero principal de La Grillade, una posición respetada que le otorgó el título de chef. Recuerdo cómo nos describía la pequeña cocina, lo sofocante que era el calor, que a veces le perturbaba la vista, pero él nunca se rindió. Sabía que todo ese sacrificio valía la pena para brindarnos un futuro mejor. No solo trabajaba para mantener a nuestra familia, sino que también enviaba dinero regularmente a su madre y hermanos en la República Dominicana, asegurándose de que ellos también estuvieran bien.

A medida que pasaron los años, el restaurante comenzó a ganar una clientela impresionante. Se convirtió en un lugar muy concurrido durante las horas de almuerzo ejecutivo. Lo curioso era que los comensales, que acudían por la fama de la cocina francesa, en realidad estaban saboreando platos que tenían el toque especial del sabor dominicano que mi padre añadía a cada receta. Aunque era un restaurante de cocina francesa, el sazón y los ingredientes de nuestra cultura siempre estaban presentes, sin que los clientes lo supieran.

El restaurante solo abría durante las noches en fechas festivas especiales, como el Día de Acción de Gracias o el Día de Año Nuevo. A pesar de su apretada agenda, mi papá siempre se tomaba un mes de vacaciones cada verano, lo cual aprovechaba para regresar a nuestro país de origen y pasar tiempo con su familia. Durante ese tiempo, el dueño del restaurante contrataba a un chef directamente desde Francia para sustituir a mi papá mientras él estaba de vacaciones. Sin embargo, cuando mi padre regresaba, el dueño solía decirle en tono de broma pero con mucha sinceridad: "¡Apolinar! Voy a tener que cerrar el restaurante cuando estés de vacaciones porque siempre tenemos pérdidas. Los clientes rechazan los platos cuando tú no estás en la cocina."

Esa anécdota siempre nos llenaba de orgullo. Saber que mi padre, con su dedicación y talento, había logrado no solo mantener el restaurante a flote, sino que su ausencia incluso afectaba negativamente el negocio, mostraba cuánto valor tenía su trabajo.

Una de las cosas que más recuerdo de mi papá es que nunca regresaba a casa del trabajo con las manos vacías. Siempre paraba en la bodega más cercana a la casa para comprarnos golosinas y agradarnos al llegar. Me emocionaba verlo entrar con una bolsa llena de pequeños regalos. Uno de sus favoritos eran los panecillos dulces de maíz, que él también disfrutaba. Eran momentos sencillos, pero llenos de amor y dedicación.

Mi mamá, por su parte, también contribuía al bienestar económico de la familia. Para ayudar a mi papá con los gastos, cuidaba a niños en casa. Algunos de esos niños llegaron bajo su cuidado desde que eran apenas unos bebés, con apenas tres meses de edad, y permanecieron con nosotros hasta la adolescencia. Eran prácticamente como parte de nuestra familia, creciendo junto a mis hermanos y a mí. Mi mamá los trataba como si fueran propios, y nuestra casa siempre estaba llena de risas y juegos. La familia se expandió de una manera que nos hacía sentir que nunca estábamos solos, que siempre había alguien con quien compartir.

A medida que los años pasaban, la vida en Nueva York empezó a sentirse más familiar. Celebramos nuestras pequeñas victorias: desde entender una conversación en inglés sin problemas hasta los logros escolares de mis hermanos y míos. Aunque aún añorábamos nuestras raíces, nos dimos cuenta de que esta nueva vida nos brindaba oportunidades que antes solo habíamos soñado.

La superación no solo vino de adaptarnos al nuevo entorno, sino también de mantener nuestras costumbres y valores. Mis padres nunca dejaron que olvidáramos nuestras raíces. La comida, la música y las tradiciones familiares nos mantenían conectados a nuestra tierra, y eso nos daba la fuerza necesaria para seguir adelante.

La unión familiar fue la clave de nuestra superación. Nos apoyábamos mutuamente en los momentos difíciles, celebrábamos juntos los logros y aprendimos que, sin importar cuán complicado fuera el camino, siempre nos tendríamos los unos a los otros. Cada desafío que enfrentábamos nos hacía más fuertes, y cada éxito, por pequeño que fuera, nos acercaba más a nuestro sueño de una vida mejor.

Desde muy temprana edad, mi hermano y yo disfrutamos manejar dinero. Mi hermano, al poco tiempo de llegar de nuestro país, comenzó a trabajar en la bodega del frente siendo un adolescente, y con ese dinero se compró su primera bicicleta. Por otro lado, yo tenía una compañera de clase peruana en la escuela secundaria que me contó que trabajaba en McDonald's, y le sugerí que me refiriera, ya que deseaba un trabajo a tiempo parcial. Así fue como conseguí mi primer empleo. Durante ese tiempo, mi hermana y mi hermano también trabajaron en un programa que se llamaba "Work Studies" mientras estábamos de vacaciones en el verano. Estos pequeños empleos, desde muy temprana edad, nos ayudaron en nuestro crecimiento personal y profesional, enseñándonos la responsabilidad, la gestión del tiempo y la importancia del trabajo duro.

Papi Lindo en 1960 en República Dominicana

Capítulo Final: Un Sueño Cumplido: La Utopía Familiar

La vida en Nueva York, a pesar de los desafíos, nos brindó una oportunidad única: vivir juntos, tal como mi padre siempre había soñado. Tras años de sacrificio, trabajo arduo y resiliencia, finalmente alcanzamos lo que él había imaginado cuando se aventuró a cruzar océanos en busca de una vida mejor para todos nosotros. Ese sueño que parecía tan lejano y difícil de alcanzar, un día dejó de ser solo un anhelo y se transformó en nuestra realidad. Nos convertimos en una familia completa en un país nuevo, y la utopía familiar que tanto anhelábamos se cumplió.

Recuerdo cómo, al llegar a Nueva York, cada paso que dimos juntos consolidó nuestra unión. Aunque nos enfrentábamos a las barreras del idioma, a las diferencias culturales y a los desafíos de adaptarnos a un ambiente desconocido, el solo hecho de estar todos reunidos en la misma casa nos daba la fuerza para seguir adelante. El sacrificio de haber dejado atrás nuestro querido país era, de alguna forma, aliviado por el gozo de vernos cada día. Nos teníamos los unos a los otros, y esa era nuestra mayor riqueza.

En cada rincón de nuestro hogar se sentía la esencia de nuestras raíces dominicanas. Los olores de la cocina, el calor de las charlas familiares y las historias compartidas nos recordaban de dónde veníamos y por qué estábamos allí. Celebrábamos nuestras tradiciones con entusiasmo, fusionándolas con las costumbres que poco a poco fuimos adoptando en nuestra vida en Estados Unidos. La música, las comidas, y las festividades eran reflejos de nuestra cultura que nunca dejamos atrás, y cada reunión familiar era un recordatorio de que nuestro espíritu dominicano permanecía vivo, pese a la distancia.

Nuestros padres, con su esfuerzo, nos enseñaron el valor de la perseverancia y el trabajo en equipo. Las historias de sus sacrificios se grabaron en nuestra memoria y formaron el carácter con el que enfrentaríamos los retos futuros. Mi papá dejó su pasión por el béisbol para trabajar largas horas y brindarnos una vida digna. Mi mamá nos enseñó a ser generosos y resilientes, siendo el pilar en el que todos descansábamos cuando las dificultades se presentaban. Nos demostraron, con cada acto, que la verdadera utopía era estar juntos, apoyándonos en todo momento.

Mientras iba de vacaciones a mi querido país, tuve el sueño y la inclinación de trabajar en líneas aéreas. Siempre tuve un amor por los aviones, desde la primera vez que volé a los 14 años, hasta el día de hoy. Me fascina viajar. Para mí, conocer nuevos países, culturas y horizontes ha sido siempre muy emocionante y satisfactorio. Y aunque muchos pensarían que era un sueño lejano, para mí, siempre ha sido claro que con preparación y determinación, todo es posible. Los Estados Unidos me brindaron las oportunidades que soñaba, así como a mi familia, siendo personas normales y corrientes.

Mi felicidad siempre ha estado en hacer lo que me complace, sin afectar negativamente a nadie. Desde pequeña, mi carácter se definió con principios sólidos, principios que valen oro en la vida. ¿Quién diría que, por el mismo aeropuerto por el que entré a la ciudad de Nueva York a los 14 años, se haría realidad mi sueño de trabajar para una línea aérea en el aeropuerto John F. Kennedy? Un sueño cumplido, como muchos otros.

Al final, lo que logramos en Nueva York fue mucho más que adaptarnos a una nueva vida. Construimos un hogar, una familia unida, y una vida en la que las raíces dominicanas y la identidad que forjamos en este país convivían en armonía. Aunque dejamos atrás la distopía de la que huimos, la llevamos en nuestros recuerdos y en las lecciones que nos enseñó. Nos convertimos en una familia bicultural, sin olvidar nuestras raíces, pero también abrazando nuestro presente y futuro en esta nueva tierra.

Así concluye nuestro viaje. El sueño de mi padre de vivir en unidad se cumplió, y aunque los desafíos continuarán, la historia de nuestra familia seguirá siendo una de esperanza, lucha, amor incondicional y sueños cumplidos.

Trabajando en el Aeropuerto John F Kennedy de la ciudad de Nueva York.

Una de mis pasiones fue trabajar en el arte de la cosmetología.

Made in the USA
Columbia, SC
13 March 2025

54935184R00043